SHEDIM OU DEMÔNIOS

ATAQUES NA GLÂNDULA PINEAL

INTRODUÇÃO	2
O PRIMEIRO RAIO PELA MÃO ESQUERDA, OGDAEMON	8
O SEGUNDO RAIO DA MÃO ESQUERDA, SAMADAROM	16
O TERCEIRO RAIO DA MÃO ESQUERDA NA PINEAL, METADAROM	24
O QUARTO RAIO DA MÃO ESQUERDA NA PINEAL, ADAMASTOM	32
O QUINTO RAIO DA MÃO ESQUERDA DA PINEAL, CRONOS	38
O SEXTO RAIO DA MÃO ESQUERDA NA PINEAL, SATÃ	51
O TRIÂNGULO DOURADO	57
MEDITAÇÃO PARA TOCAR O DIVINO	74
A PORTA DO TRIÂNGULO DOURADO	84
CONCLUSÃO	90

INTRODUÇÃO

Esta obra mostra ataques demoníacos utilizando a glândula pineal. Esta glândula é importante, pois ela é a ligação do sobrenatural com o corpo físico. Muitos anjos trabalham através da Pineal entrando em contato com os humanos, mas nesta obra vamos estudar só os ataques demoníacos contra o ser humano.

A pineal é ligada ao chacra coronário do alto da cabeça, onde passa o poder do pai divino para nós, por isso ela é alvo de ataque dos Shedim, que é o nome para demônios em hebraico, plural, pois Shedim é o plural de Shed, demônio.

O poder dos Shedim é terrível, pois eles estão presos na terra e através de nossa inclinação para o pecado nos dominam, nos usam e nos controlam.

O próprio Rabi Yeshua falou que a humanidade é controlada por demônios. Ele disse que o mundo jaz no maligno, que o príncipe deste mundo, Ha Satan, cegou a mente das pessoas.

O controle ocorre na mente. A pessoa em vez de seguir a luz prefere o caos que é mais fácil, o pecado tem sabor gostoso, mas no final se torna amargo. No entanto o ser humano não quer saber do final. Ele quer agora, quer agora provar o fel do pecado, pois na verdade ele é doce no paladar, mas se torna amargo, se torna fel dentro do ventre, dentro da alma.

Por causa disso o ser humano fica com a alma aberta para o ataque dos SHEDIM ou demônios e com isso eles controlam o ser humano através da mente.

Conheça estas potestades que usam a pineal para dominar a mente e o corpo humano.

É um segredo assustador.

CAP I

O PRIMEIRO RAIO PELA MÃO ESQUERDA, OGDAEMON

A glândula pineal pode ser um portal da luz ou das trevas, conforme abrimos nossa mente para a luz ou para o caos. A energia divina pode entrar por esta glândula, mas também a energia do caos.

O caos sempre imita o divino, por ser a sombra, o oposto. Ele também tem seis raios que entram em nosso corpo através da Pineal. Na verdade os raios não entram no corpo físico e sim entram na aura e através da aura atingem e modelam todo o corpo.

O primeiro raio da mão esquerda é Ogdaemon. Este ser é humano com pés de Leão Marinho, é um ser poderoso, terrível. Ele representa as velas acesas em invocação ao caos, as velas da idolatria que sintetizam o poder do caos, pois

Ogdaemon é o oposto de Levi, é o sacerdócio satânico em oposição ao sacerdócio divino da tribo de Levi.

Todas as velas acesas em caráter ritualístico que não estiverem ligadas com o poder do Pai prestam invocação e culto a Ogdaemon. Por isso este ser recebeu muito poder na terra e seu raio que é dourado e às vezes prateado, podendo mudar de uma hora para a outra, tem como objetivo cercar a pessoa.

O cerco de Ogdaemon é profundo, enquanto Leviatã cerca na mente Ogdaemon cerca na alma impedindo que a pessoa receba a luz do Eterno.

O sacerdócio do caos também bloqueia nossas orações, é por isso que oramos e ninguém ouve. Nossa oração parece bater numa porta de chumbo, parece que é inútil clamar e até mesmo implorar.

Ogdaemon sintetiza o poder dos Shedim, os demônios sugadores de energia

https://www.youtube.com/watch?v=Brd6LHQQmuU

Esta é a explicação mais correta para Shedim, pois eles se criaram no pecado dos homens e dos anjos surgindo forças poderosas, Egregoras do caos.

Estas forças se criaram afastadas do Eterno no decorrer de milhões de anos da criação. São hoje soldados do caos lutando para o caos ser instalado na terra.

Como surgiram da conseqüência da criação ao longo de brechas na história evolutiva do universo eles se alimentam de nossa alma, de nossos pecados e fraquezas, mesmo de nosso medo, angústia, solidão.

Tudo isso cria um Egregora que alimenta os Shedim.

Ogdaemon sabe como usar estas forças para cercar as almas do planeta.

O poder de Ogdaemon para cercar é assustador. Seus pés de leão marinho simbolizam um controle total sobre a alma da humanidade assim como o Leviatã cerca a mente.

O mar simboliza o mundo, as almas, os humanos onde Ogdaemon se move cercando milhões.

Quando emite o primeiro raio pela pineal controlando nossa mente ele também nos usa para dominar e confundir outras pessoas.

Uma corrente de controle mental se forma, pois Ogdaemon é terrível e tenebroso. Pratiquem a meditação do primeiro raio santo da Pineal para combater contra Ogdaemon.

A meditação mental não usa a voz. Você apenas mentaliza a palavra, o seja, fala sem usar a voz, só na mente. Vou te lembrar a meditação do primeiro raio sagrado da pineal.

Inspire o ar pelo nariz e expire pela boca. Após um tempo quando tiver relaxado inspire o ar e o segure, não solte, então fale sem usar a voz, mentalizando, a palavra YESHUA COHEN GADOL.

Só o poder de Yeshua o grande sacerdote do Pai pode bloquear as maldades de Ogdaemon.

Praticando esta meditação tu irás bloquear o poder de Ogdaemon e combater contra principados e potestades ajudando na purificação do mundo.

Não apenas ajudando, terás um papel fundamental na purificação e harmonização do mundo.

É claro que o Apocalipse vai acontecer e os ímpios vão ser destruídos, mas a meditação prescrita levará os eleitos à luz.

Os eleitos não são eleitos por arbitrariedade divina e sim são alcançados pela misericórdia do Eterno quando oramos ou meditamos em pró dos milhões que estão presos por Ogdaemon.

CAP II

O SEGUNDO RAIO DA MÃO ESQUERDA, SAMADAROM

O segundo raio da mão esquerda emitido pela Pineal é Samadarom. Ele é de cor azul escura e representa o poder dos vários mundos do cosmos.

Há uma rede de vários mundos do cosmos e Samadarom é o comandante destes mundos. Ele é o General do Dragão que controla um terço do cosmos conforme está em Apocalipse 12.

Este raio é tenebroso e é a raiz de toda dor e sofrimento que fere a alma.

Nossa alma é ferida por este ser poderoso que cria em nós angústia e morte, sofrimento, pavor, doenças. Por isso o raio oposto a Samadarom é Yahweh Rafa e a tribo de Issacar. Yahweh Rafa é o Senhor que Cura.

Só Yahweh Rafa pode curar o homem ferido por Samadarom.

Outro grande poder de Samadarom é no cerco. A diferença entre o cerco de Ogdaemon e o cerco de Samadarom é que no primeiro o cerco é na terra por rituais e se nutrindo das religiões falsas que fortalecem o caos. Já Samadarom não é ritual na terra, não é sacerdócio, é força do caos que vem pela mente, força que vem do cosmos e atinge também outros membros e Chakras do corpo.

A maior força de penetração de Samadarom é nas mãos, ele controla os Chakras das mãos, estou falando pelo lado da mão esquerda, pois os Chakras têm a energia da luz e a energia do caos.

As mãos são os vórtices de energia mais poderosos de Samadarom no ser humano além do segundo raio na cabeça.

Isso é muito significativo, pois Samadarom representa o império cósmico, a rede de mundos construída pelas mãos da Engenharia Cósmica.

Eles criaram uma rede de mundos poderosos e colocaram balizadores cósmicos, caminhos entre as estrelas formados por um portal emissor e um portal receptor.

Estes balizadores cósmicos foram criados por Samadarom e ligam estrelas distantes em um tempo muito curto possibilitando a navegação cósmica.

A engenharia cósmica criou tudo isso pelas mãos, por isso a mão é sagrada para eles. Eles trabalham a geometria sagrada, a flor da vida, imitando o Criador e com isso criaram construções em vários mundos do cosmos para sintetizar a energia cósmica.

Na terra eles criaram a rede dos construtores e idealizaram a criação das pirâmides e templos em lugares chaves, nas famosas linhas de Ley ou vórtices de energia.

Eles fizeram isso em todo o cosmos para deixar uma rota para os discos voadores. Isso seria lindo se não fossem eles os mais opressores do cosmos. A base de Samadarom é em Andrômeda, mas eles invadiram a Via Láctea e controlam muitos mundos. Eles usam a opressão no controle e com isso escravizam povos inteiros.

Foram seus agentes que inspiraram os egípcios a escravizar os hebreus e usaram-nos na construção de templos e pirâmides.

Samadarom controla o segundo raio na glândula pineal, isso pela mão esquerda. Este raio é poderoso e sintetiza o poder de vários mundos do cosmos. Sempre que este raio é direcionado contra nós surgem contratempos familiares, acidentes, doenças.

Por isso temos que usar a invocação de Yahweh Rafa para termos a cura e a proteção contra este ser terrível.

Este ser que tem a forma simbólica de um touro, representando simbolicamente o signo de Touro.

A maior parte das doenças vem de distorção e distúrbio na mente. Somos nós que criamos nossas doenças, com o raio azul de Rafael estas doenças são bloqueadas e a luz curadora do Eterno impacta nossas vidas.

Vou ensinar uma meditação sobre a luz de Rafael e de Issacar para combater Samadarom. Este raio é muito importante na cura do corpo, enquanto o raio prateado de Levi cura a alma trazendo o perdão o raio azul de Issacar cura o corpo trazendo a plenitude da felicidade divina em nossa vida.

Senta no piso de tua casa e começa a respirar, a relaxar. Com o tempo segure o ar e pronuncie mentalmente sem usar a voz a expressão: Yavé Rafá.

Eu resumi Yahweh Rafá para Yavé Rafá para facilitar a pronuncia de quem não conhece hebraico. Yavé na verdade é um resumo do nome no tetragrama.

Yavé Rafa significa Deus que cura. Pratique esta meditação uns 10 minutos por dia e verás a cura do Eterno sobre todas as dimensões da tua vida física.

O segundo raio que sai da pineal cura o corpo físico, restabelece até mesmo nosso DNA afetado por maldições hereditárias e por espíritos obcessores. Este raio bloqueia o poder de Samadarom, o poder de vários mundos do cosmos tentando controlar nossa alma.

CAP III

O TERCEIRO RAIO DA MÃO ESQUERDA NA PINEAL, METADAROM

O terceiro raio da mão esquerda pela Pineal é Metadarom. Este ser é o Egrégora de Lúcifer, o anjo da queda. Metadarom também simboliza o mar cósmico e mundos e dimensões, não dos universos físicos como no caso de Samadarom, mas de universos etéricos.

Metadarom comanda sobre universos etéricos e controla um terço dos anjos do Criador que se rebelaram contra ele. Isso aconteceu porque Metadarom sabe como convencer, ele tem muito papo se formos usado uma expressão popular para descrever o poder de Metadarom em suas mentiras.

Metadarom não é Lúcifer, mas Lúcifer foi integrado a Hierarquia dele e hoje atua na terra, é o anjo rebelde mais conhecido na terra, mas considere que há milhões de mundos habitados, Lúcifer é conhecido aqui, em outros mundos eles nem sabem quem é Lúcifer, mas conhecem Metadarom.

É claro que em cada mundo Metadarom tem um nome, este nome na terra é em grego, é um nome relacionado ao culto dos mistérios terrenos, como ele se manifestou aos membros de Ordens Ocultas.

Metadarom representa o carneiro no Signo e também é a Besta com 10 chifres, pois cada chifre é um povo, uma estrela da Irmandade Branca.

Em nosso mundo Metadarom representa a raça branca, o povo ariano, por isso o carneiro é chamado de Áries no Zodíaco.

O poder de Metadarom é terrível, pois ele vai reinar na terra através dos 10 povos ou 10 hierarquias da Fraternidade Branca. Seu governante na terra é Maitreya, o intraterreno que será o unificador mundial, o Cristo da loja branca, a Besta do ABISMO DO APOCALIPSE.

O terceiro raio tem a cor vermelho ocre, a cor de sangue mais o barro terreno simbolizando seu controle sobre a raça humana desde o plano mental.

Metadarom o Mestre da Loja Branca usa a pineal para semear suas heresias sobre o mundo tornando o homem refém de seu tenebroso poder.

Os anjos que se revoltaram junto com Lúcifer formam um poderoso expoente das forças de Metadarom na terra.

Estes anjos conhecem a glória do Eterno e não aceitam que a raça humana atinja este poder, esta luz, por isso fazem de tudo para desviar o humano do Criador criando religiões que não vieram do Eterno e sim são preceitos de homens.

A loja branca de Metadarom tem ganhado terreno no mundo e se espalhado por todos os países.

Eles se preparam para a mudança no planeta, para o ano zero em que a Besta, o Anticristo e o Falso Profeta começarão a governar o mundo.

Temos que combater contra Metadarom usando a meditação correta.

A misericórdia que resplandece na pineal na força do terceiro raio. Podemos usar esta misericórdia divina para combater contra Metadarom.

É importante praticar uma meditação para entrarmos em contato com o divino pela força deste raio e podermos bloquear o poder de Metadarom na terra.

Respire, sente no piso de tua casa. Fique um tempo inspirando o ar pelo nariz e soltando pela boca. Após um tempo, quando tua mente estiver calma, segure o ar, não solte. Quando o ar estiver preso mentalize a expressão TSIDKENU YAHWEH.

Apenas mentalize, não fale usando a voz, use apenas a mente. Repita a operação várias vezes, com calma, não se apresse.

Tsidkenu Yahweh significa Deus da justiça ou Yavé Justiça Nossa.

O Senhor da misericórdia é o mesmo da justiça, pois OPERA A SUA MISERICÓRDIA na vida de milhões em todo o mundo que se achegam a ele através do sacrifício de Yeshua. Yeshua foi à arma letal contra Metadarom e Lúcifer, pois agora os que aceitam ele são protegidos por hierarquias de anjos poderosos.

A Tribo de Zebulom é a tribo dos mares, está escrito na Torah que a voz de Deus é como o som de muitas águas. Isso tem vários significados, desde o significado cósmico até a grande multidão de gente de todas as nações que encontrarão salvação na misericórdia do Eterno.

O Senhor da Misericórdia é aquele que luta pelo seu povo exercendo justiça, vingando cada gota de sangue dos mártires derramada pelos filhos do caos e da morte. O confronto excede a terra, se espalha pelo cosmos. Samadarom luta mais no plano físico e Metadarom no plano etérico. O confronto chegou ao planeta terra com o Apocalipse e eles vão governar o mundo por três anos e meio e através dos 10 chifres ou 10 povos da Loja Branca exercerão um poder tenebroso sobre a terra neste período.

CAP IV

O QUARTO RAIO DA MÃO ESQUERDA NA PINEAL, ADAMASTOM

O quarto raio da mão esquerda emitido pela Pineal é Adamastom. Ele tem a cor verde escuro, pois simboliza o profundo mar.

Adamastom simboliza o peixe que controla a mente e o demônio Leviatã trabalha para ele controlando a mente e o coração das pessoas.

Adamastom, o signo de Peixes, lembra a história dos Anunakis que juntamente com os aliens peixes Oanes comandaram o planeta.

Oanes ensinou grandes segredos ao povo do Oriente Médio, especialmente ao povo sumério e babilônio.

Atualmente há três cidades submarinas na terra, uma delas no Triângulo das Bermudas, outra no Triângulo do Dragão no Japão e outra perto do atol de Palmyra no Oceano Pacífico.

Nestas três cidades há povos aliens que esperam para controlar o planeta quando a terra for entregue a eles na era aquariana. Adamastom representa este Logos agindo na terra.

O mais poderoso povo que vive dentro dos Mares é o povo Almaran que fugiu do planeta Vênus para a terra há 6.000 anos.

A Besta que sobe dos mares é tanto hierarquias ligadas a Metadarom como falamos, como também hierarquias ligadas a Adamastom, pois lembrem que a Besta é mais complexa, ela tem 7 cabeças. Os 10 chifres da Besta são povos da loja branca ligados a Metadarom, mas o poder de Adamastom sobre as 7 cabeças é profundo.

O Leviatã age para Metadarom, mas ele também trabalha para Adamastom.

Qual é a diferença entre estes dois portentos? Metadarom está mais apto a divulgar a ideologia da loja branca e suposta paz global colocando o Maitreya como líder do mundo, já Adamastom atua mais na mente para controlar as pessoas e criar zumbis.

Cada pessoa que receber a marca da Besta terá um Shedim, um invasor de corpos, um entrante possuindo e controlando seu corpo, gerando um verdadeiro zumbi vivo.

O portento Adamastom possibilita que os Aliens façam isso com o ser humano, esta invasão de corpos, pois Adamastom conhece todos os meandros da mente humana e sabe como controlar nosso córtex cerebral e outras partes da mente.

O poder de Adamastom no controle global é assustador, o Peixe controla as pessoas e também atua como mediador nas abduções geridas pelos Greys para criar a raça híbrida entre humanos e aliens.

Isso tudo acontece, pois Adamastom é Potestade e atua dentro da mente humana anestesiando a pessoa que é levada pelos Greys para procedimentos na nave na hora da abdução.

A única arma direta que temos contra Adamastom é pronunciar a mentalização do quarto raio da luz que entra pelo pineal para bloquear o quarto raio do caos. Medite usando o nome de Yahweh Shama que controla este raio.

Respira, inspira o ar pelo nariz e solta ele pela boca. Quando estiver relaxado comece a segurar o ar e mentalize a palavra Yahweh Shama.

Sinta ele como fogo descendo do trono e entrando pela pineal, atravessando seu corpo como uma coluna de alto a baixo.

Os místicos sabem que uma coluna desce pela pineal e atravessa nosso corpo de alto abaixo, dividindo ele em dois pólos.

Pratique esta meditação falando isso na mente, sem palavras e imagine a coluna de fogo descendo pelo alto da cabeça.

É a mesma coluna de fogo que guiava Israel no deserto durante a noite quando esta nação santa peregrinou pelo Sinai deixando o Egito em direção a terra santa.

Que a coluna de Adonai te guie nesta guerra contra principados e potestades, pois estamos diante do Apocalipse. Barre o poder de Adamastom na tua vida, o controle mental dele é assustador.

CAP V

O QUINTO RAIO DA MÃO ESQUERDA DA PINEAL, CRONOS

O quinto raio da mão esquerda da Pineal é Cronos, o tempo. Este raio tem a cor creme. Ele controla a mente humana de forma profunda e terrível nos prendendo ao tempo da terceira dimensão, impedindo que a gente evolua na senda rumo à luz.

O tempo é tudo, o tempo que nos devora e limita nossas orações. O tempo que controla nossa mente e nos impede de orar.

O tempo que bloqueia nossos sonhos e nos mantém preso aos pesadelos. Toda oração e projeto esbarram no controle do tempo. Nossas orações se projetam no vazio, o tempo passa e a vitória que esperamos não vem com isso nossa fé é dizimada e nossa vida é presa no Karma do destino.

O Karma é uma palavra indiana que simboliza o controle do destino sobre nossa vida, algo que não podemos evitar. Presos a roda do destino toda oração se torna inútil e nossos sonhos são devorados.

Cronos é o quinto raio simbolizando o tempo e se pegarmos o quinto raio somando com os sete vórtices de energia do corpo, sendo a pineal o sétimo vórtice nós temos o número 12, a totalidade do universo, o arquétipo do tempo, o destino final da humanidade. Pelo lado de Cronos simboliza cerco e destruição, mas pelo lado da luz temos o arcanjo Orishimiel, o arcanjo do paraíso perfeito, o arcanjo da vitória final sobre a matéria e sobre a ilusão.

Matéria e ilusão, duas rodas que nos prendem ao tempo. Enquanto a matéria limita nossa espiritualidade nos prendendo a terra a ilusão trabalha em nossa mente transformando em cinzas nossos sonhos, desejos e orações.

Usamos aqui Cronos como arquétipo do tempo, mas o Tempo é um Signo universal, em cada religião, cada povo o tempo tem um nome. O símbolo zodiacal é o Aquário quando a terra entrará numa dimensão superior, num tempo de transcendência se imanando a outros mundos do cosmos.

CRONOS

Cronos (em grego: Κρόνος, transl.: *Krónos*),[1] na mitologia grega, é o mais jovem dos titãs, filho de Urano, o céu estrelado, e Gaia, a terra. Cronos era o rei dos titãs e o grande deus do tempo, sobretudo quando este é visto em seu aspecto destrutivo, o tempo inexpugnável que rege os destinos e a tudo devora[2]. O titã Cronos serviu de inspiração para a antiga seita órfica criar a figura de Cronos, a quem chamavam de o "deus primordial do tempo"[3]. Vale ressaltar que o modo de vida dos órficos causava grande estranheza entre os gregos e a nova teogonia criada por eles era, da mesma forma, repudiada pelo culto cívico e popular das póleis gregas[4]. O que quer dizer que, para os gregos comuns, o titã Cronos (e somente ele) era o deus do tempo por excelência.

A pedido de sua mãe se tornou senhor do céu, castrando o pai com um golpe de foice. A partir de então, o mundo foi governado pela linhagem dos titãs que, segundo Hesíodo, constituía a segunda geração divina. Foi durante o reinado de Cronos que a humanidade (recém-nascida) viveu a sua "Idade de Ouro".

Cronos e Reia

Reprodução de baixo-relevo romano

Cronos casou com a sua irmã Reia, que lhe deu seis filhos (os crónidas): três mulheres, Héstia, Deméter e Hera e três homens, Hades, Posídon e Zeus.

Como tinha medo de ser destronado por causa de uma maldição de um oráculo, Cronos engolia os filhos ao nascerem. Comeu todos, exceto Zeus, que Reia conseguiu salvar enganando Cronos ao enrolar uma pedra em um pano, a qual ele engoliu sem perceber a troca.

Quando Zeus cresceu, resolveu vingar-se de seu pai, solicitando para esse feito o apoio de Métis - a Prudência - filha do titã Oceano. Esta ofereceu a Cronos uma poção mágica, que o fez vomitar os filhos que tinha devorado.

Então Zeus tornou-se senhor do céu e divindade suprema da terceira geração de deuses da mitologia grega, ao banir os titãs para o Tártaro e afastar o pai do trono. Segundo as palavras de Homero, Zeus prendeu-o com correntes no mundo subterrâneo, onde foi encontrado, após dez anos de luta encarniçada, pelos seus irmãos, os titãs, que tinham pensado poder reconquistar o poder de Zeus e dos deuses do Olimpo[5].

Em algumas variantes do mito, Cronos e os titãs são alcançados pela misericórdia de Zeus, libertados do Tártaro e cada qual retoma a sua função cosmológica no universo. Com a permissão do filho, Cronos torna-se, então, o governante dos Campos Elíseos, o paraíso da mitologia grega e lugar de descanso para os mortos bem-aventurados[6][7].

https://pt.wikipedia.org/wiki/Cronos

Cronos é o deus do tempo na mitologia grega, na magia das hierarquias o nome dele é OMITOSDAEMON.

Omitosdaemon é o tempo cósmico da escuridão, do caos e da morte. É todo o mito criado a respeito do maligno que se tornou real com o tempo de terceira e quarta dimensões formando um Karma de tempo.

Isso ocorre com o nome Lúcifer que era o nome da estrela da manhã na bíblia de tradução latina e que se tornou o nome de um demônio por confusão, agora estas entidades do caos assumiram este nome e usam-no para entrar na mente das pessoas.

Toda cultura, todo mito toma forma em contato com a alma das nações e de povos criando um Egregora de tempo que podemos chamar de Omitosdaemon ou de Cronos.

http://meszreverbera.blogspot.com.br/2015/05/mitologia-grega-i-os-doze-deuses.html

Cronos é o nome do Egrégora, mas seu nome mais profundo é Omitosdaemon.

Omitosdaemon e sua cor creme também são ligadas a licantropia, pois é o décimo segundo signo, o signo ligado a Benjamim. Esta tribo de Israel é simbolizada por um lobo e a mão esquerda copiando a tribo de Israel também usa o símbolo do lobo.

Na verdade não se trata de imitação e sim de estruturas do cosmos. A luz tem suas estruturas e o caos também, são estruturas opostas de um mesmo quadrante, não imitação, mas a gente costuma falar imitação.

Licantropia é a transformação do homem em lobo ou qualquer outro animal, é o mito do lobisomem, não é apenas um mito, é real, muito real.

Pelo quinto raio da Pineal passa a energia que converte o homem em lobo na lua cheia. As mulheres são convertidas em corujas ou outras aves noturnas no caso da licantropia feminina.

O raio inunda o corpo com um plasma espiritual que faz o corpo etérico ter predominância sobre o corpo físico e então à transformação acontece por algumas horas, no auge da influência lunar.

As bruxas medievais que se convertiam em mariposas ou corujas também recebem a mesma energia do quinto raio da Pineal.

Isso tudo é uma oposição a Benjamim, não imitação, oposição, pois a Tribo e a Ordem de Benjamim por sua ferocidade são consideradas um lobo, só que eles não praticam licantropia como as forças do caos.

Pratique a meditação oposta a Omitosdaemon para bloquear este ser perverso. O raio oposto a Cronos e Omitosdaemon é o raio de Benjamim.

O raio de Benjamim é o raio da transformação para o novo ciclo que está nascendo. A palavra chave para este raio é Schmitah.

Schmitah simboliza o tempo divino estabelecido na terra.

Sente no piso e comece a respirar, quando tu estiveres relaxado prenda o ar e mentalize a palavra Schmitah.

Lê-se XEMITÁ.

Schmitah é o tempo divino sobre o planeta, o tempo em que o planeta será modificado e alterado para a instalação do reinado milenar. Não é um nome do Eterno, mas sim um destino final dos planos do Eterno sobre a terra.

Orishimiel está comandando os querubins que estão trabalhando junto com os Elohins para preparar a humanidade para o Apocalipse.

CAP VI

O SEXTO RAIO DA MÃO ESQUERDA NA PINEAL, SATÃ

Satã comanda o raio cinza, o 666, a marca da Besta. Cinza é a cor da tribo de Dan, a cor dos illuminatis. Esta cor se deve ao fato dele ser a fênix que renasce das cinzas. É claro que tem outros significados, mas este significado descrito é visceral.

O raio cinza que é liberado por Satã na Pineal desloca o homem da realidade comum levando ele a ser preso por paixões e vícios. Vidas são destruídas nas drogas, alcoolismo, prostituição, isso não vem do ser humano, vem do raio cinza com Satã.

Ele cria fortalezas bombardeando a mente com o raio cinza e criando distorções na mente humana, distorções por onde o caos age levando o homem a situações terríveis onde ele é controlado pelo vazio e pela morte.

A pessoa controlada por este poder oculto acha que está agindo, mas na verdade está sendo dominada por Shedim ou demônios. Ela é escravizada nos vícios e na iniqüidade por estas forças ocultas despejadas por Satã na mente.

O homem que é controlado pelo raio cinza da mão esquerda não consegue sair do controle da escuridão. Ele acha que está vivendo, está pensando, está dominando a situação, mas existe Shedim controlando a mente dele.

A pessoa fica cansada e sobrecarregada pelo peso dos Shedim e só Yeshua pode aliviar esta alma dominada.

Hoje grande parte da humanidade sofre desta obsessão maligna. Pessoas dominadas por vícios e prazeres impuros, sendo escravizadas por forças do oculto. Estas pessoas se tornaram verdadeiros zumbis vivos e só o Eterno na vida delas pode revidar e libertar esta alma atormentada.

Satã, o Dragão do raio cinza é o cabeça dos Shedim, ele é o Dragão do Apocalipse 12, também chamado de antiga serpente, o diabo e Satanás.

Ele age como serpente levando o homem de forma astuciosa para a escravidão.

Picado com o veneno da serpente resta pouca esperança para o homem dominado pelo raio cinza. Uma arma para lutar contra ele é o raio cinza da luz que entra pela pineal sobre o comando do arcanjo Daniel.

O Daniel profeta citado na bíblia não é o Daniel arcanjo, o arcanjo que atua com o raio cinzento é a HIERARQUIA do julgamento divino sobre a terra. Daniel arcanjo vai comandar toda a guerra na terra contra o Anticristo e seus exércitos enquanto Mikael comandará esta guerra nos céus paralelos.

O sexto raio que entra pela Pineal representa este confronto entre a luz e as trevas. Enquanto o quinto raio de

Benjamim nos prepara para o fim alterando o DNA, o sexto raio é o confronto em si, é a batalha que travamos no dia a dia contra as forças do caos. A palavra chave para este raio é KADOSH, KADOSH, KADOSH, ADONAI TZEVAOTH, que representa o Senhor e todos os seus exércitos lutando na terra contra os exércitos do Anticristo.

Sente no piso e após relaxar segure o ar e pronuncie mentalmente, sem usar a voz.

Kadosh, Kadosh, Kadosh, Adonai Tzevaoth.

Esta é a expressão chave mais usada pelos cabalistas e está presente diante do Trono do Criador o Apóstolo João viu e relatou no Apocalipse.

CAP VII

O TRIÂNGULO DOURADO

O triângulo dourado, o mesmo triângulo dourado do dodecaedro que faz parte da geometria sagrada, é formado pelas três Sephiroth superiores da Cabala.

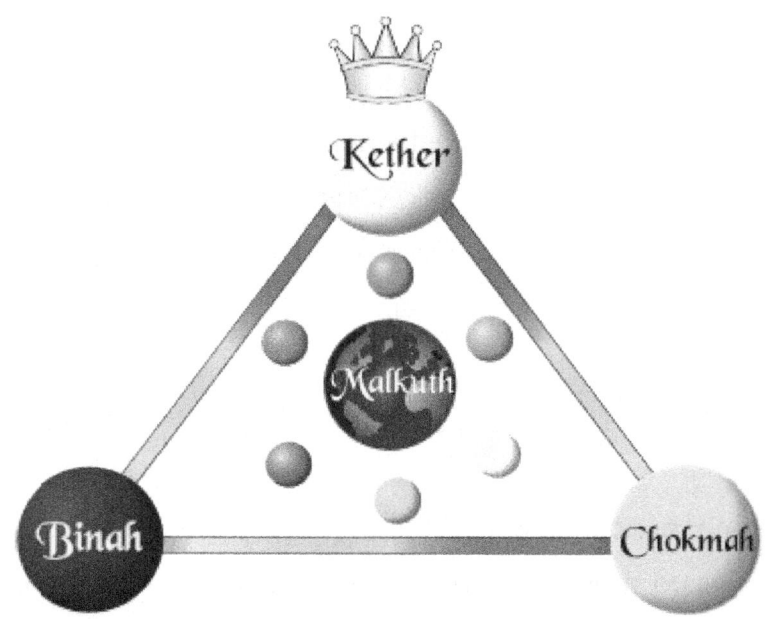

http://visit.elysiumgates.com/daath.html

Kether, a coroa, simboliza o Pai. Chokmah, a sabedoria simboliza o espírito do Eterno, o Ruach Kadosh. Binah, o conhecimento, simboliza o filho Yeshua. Esta é a tríade dourada ou Triângulo Dourado, a porta para o infinito, a porta de todo conhecimento.

Eles formam o Triângulo Dourado, mas como podem notar na gravura acima a Daath está dentro do Triângulo. Na verdade esta gravura não está de todo correta, pois a Daath está abaixo do Triângulo, mas ela foi estilizada para mostrar o poder da Daath na influência da vida humana.

A Daath é nosso livre arbítrio, o fruto da árvore da ciência do bem e do mal que está no meio do jardim do Éden. Por ela chega nossa Yetzer Hara, nossa inclinação para o mal.

O Triângulo Dourado é perfeito e criou tudo no universo, só que ao surgir à porta da Daath, quando Adão e Eva simbolicamente comeram a fruta da ciência do bem e do mal, o pecado entrou na espécie humana.

Por que o Criador que é perfeito permitiu que o mal surgisse e criasse a dor, o sofrimento e a morte? Esta resposta é difícil de explicar para quem não conhece a Cabala, para quem conhece sabe que estamos diante do complexo de Benjamim.

O Eterno criou 12 tribos que são o ciclo perfeito do universo, o arquétipo perfeito dos vários universos paralelos totalizando 144.000 universos no dodecaedro, mas a perfeição deixou de existir quando surgiu o anátema no meio do povo santo. Na história de Israel isso surgiu quando José foi traído e vendido para o EGITO, esta traição gerou uma décima terceira tribo, pois José se dividiu em Efraim e Manassés, agora temos a benção de 13 tribos sendo Dan excluído dos 144.000 eleitos e se tornando a décima terceira tribo.

Esta incongruência é o complexo de Benjamim, o universo perfeito das 12 tribos e 12 dimensões é rachado e surge uma décima terceira tribo. Isso ocorreu também com os 12 apóstolos, Judas traiu e a ciência perfeita do dodecaedro, do número 12, dá lugar à quebra de paradigmas surgindo um décimo terceiro apóstolo: Matias.

Era para ser tudo perfeito, os Apóstolos do Mestre teriam que seguir ele com perfeição e serem portadores de sua palavra quando ele foi levado para Shamaim, mas a traição surgiu porque tinha que se manifestar o complexo de Benjamim, o universo se rachando e surgindo uma nova dimensão.

É isso mesmo que aconteceu, a traição do numero 12 sagrado, do dodecaedro como arquétipo do universo, fez surgir uma DÉCIMA TERCEIRA DIMENSÃO que é Dan no caso das tribos e Matias no caso dos apóstolos.

O que pretende o Triângulo Dourado que é perfeito com isso?

Este complexo de Benjamim é importante, pois sem esta quebra de paradigmas o universo não avançaria.

Pensa num universo que é tudo perfeito, sem pecado, sem transgressão, sem iniqüidade, 3 palavras com significados parecidos, mas diferentes, não haveria galardão, nem evolução, nem vitória, pois tudo já seria perfeito.

Era preciso surgir o décimo terceiro fator para existir a evolução do universo. O cosmos, não estou falando do nosso cosmos, mas o cosmos espiritual superior, por bilhões de anos recebeu a luz, mas não tinha com quem compartilhar, pois era tudo perfeito. Foi preciso existir a explosão original que a ciência chama de Big Bang, para ocorrer o caos, a destruição e então tudo começou a ser criado e a luz pode ser compartilhada com novas formas de vida e seres.

Todos conhecem a expressão quebra de vasos, quando Adonai quebra nosso vaso para fazer outro mais perfeito, é o que ocorre com o décimo terceiro fator, por causa do complexo de Benjamim, no doze que é perfeito surge uma imperfeição e ela tem que ser contornada com o surgimento do décimo terceiro fator.

A terra hoje está no décimo terceiro ciclo, é por isso que a tribo de Dan pela mão esquerda dominou tudo, criando os illuminatis, mas pela mão direita os guerreiros da tribo de Dan vão comandar a resistência na tribulação.

Estamos no ciclo da terra, o ciclo de Dan, da imperfeição, por isso há tanto pecado e tanto sofrimento em nosso mundo. O ciclo de Dan, no entanto dará lugar ao ciclo de Efraim, o décimo quarto ciclo. Neste ciclo a humanidade se abrirá para outros mundos do universo.

Estamos na travessia de Dan, mas o que isso tem a ver com o livro da Glândula Pineal?

Todos leram nesta obra que Satã é o sexto raio da pineal, somando o sexto raio com os 7 Chakras temos o número 13, o número de Dan e o raio é cinzento, a cor da tribo de Dan.

O cinzento é a energia de Yetzer Hara que entra pela nossa Daath nos inclinando ao pecado. O cinzentinho é responsável por invadir nossa mente e nos desviar do Eterno, isso nos lembra dos Aliens Greys, os cinzas, há um paralelo entre o Satã e os Greys, pois o sexto raio é o raio do 666 e são os Greys que ensinaram aos governos da terra sobre o BIO CHIP que agora vão implantar nas pessoas em larga escala quando o Anticristo reinar.

Voltando ao triângulo dourado, há também um triângulo dourado em nossa mente, ele é formado pela glândula pineal e pelas glândulas hipófise e pela pituitária, mas abaixo. Estas três glândulas formam o triângulo dourado em nosso corpo, sendo a pineal o pai, a hipófise o espírito do Eterno e a pituitária o filho.

Estas três glândulas são a sede do nosso corpo, o centro de nossa vida, mas a Daath, ela representa a energia negativa que entra por estas glândulas e tenta nos levar para o caos, para a mão esquerda.

A Daath não é o mal, ela é apenas a porta do livre arbítrio, é por esta porta que entra Ha Satan e outras entidades para controlar nossa alma e por conseqüência nosso corpo físico.

CAP VIII

O HIPOTÁLAMO E A PITUITÁRIA

Um livro sobre a glândula pineal não seria completo sem escrevermos sobre as glândulas hipófise e a pituitária, pois todas estão ligadas formando o triângulo dourado.

O Hipotálamo e a pituitária estão ligados a glândula pineal formando o Triângulo Dourado, estas glândulas são o centro de várias ações e comandos do corpo. A pessoa sem usar estas glândulas seria um vegetal, sem emoção, sendo incapaz até de se alimentar ou dormir, ou mesmo realizar o rito sexual. Este sistema hormonal cerebral nos liga ao divino. Pelas ações dos raios estudados nesta obra o caos e a luz interagem diretamente em nosso corpo.

Mais de 90% das pessoas são dominadas pelo caos e não sabem. É preciso fazer as meditações ensinadas nesta obra para começar a se livrar do poder do caos.

Através dos raios propalados por estas células o caos domina todo o corpo se irradiando para nosso ser.

O uso de flúor na água está atacando a glândula pineal e quanto mais ela estiver em decomposição, obliterada, mas as forças do caos vão agir através dela, pois elas agem na depauperação do nosso sistema.

A humanidade se tornou massa de controle do sistema oculto, nossa Pineal vem constantemente sendo bombardeada para não perceber a luz que existe diante de nós.

Por não perceber a luz a humanidade carente de carinho espiritual, sedenta pelo divino, se tornou presas nas mãos de mercenários que usam a religião de forma perversa se alimentando a custa do povo.

O povo está sendo roubado pelos adulteradores da palavra, mas o caminho está na mente, está na meditação.

Yeshua já pagou o preço, não é preciso levar gordas somas de dinheiro para comprar tua vitória, pode ser cura ou vitória financeira, emocional, etc.

A luz de Yeshua está dentro de ti.

A pituitária ou hipófise fabrica tanto a endorfina como a testosterona. A endorfina é responsável por anestesiar o organismo diante de alguma dor forte, ela é o analgésico natural. Já a testosterona é o hormônio masculino ligado a produção de sêmen e a vida sexual.

A hipófise comanda a memória, a sabedoria, a inteligência e o pensamento por isso foi chamada de terceiro olho, a capacidade humana para entender o sobrenatural, o mundo da percepção além da matéria, mas esta glândula não é independente, ela é regulada pelo hipotálamo.

As três glândulas do cérebro, pineal, hipotálamo e hipófise, regulam grande parte de nossas atividades e do nosso corpo e nos conectam com o divino, com o mundo do sobrenatural.

CAP IX

MEDITAÇÃO PARA TOCAR O DIVINO

Vou ensinar uma técnica de meditação que tu podes usar uma vez por dia durante 10 minutos. Ela limpa a glândula pineal e todo o sistema hormonal e nervoso.

Ela limpa como?
Equilibrando a energia cósmica que flui por nosso corpo e assim nosso corpo estará preparado para quando a energia do Ruach chegar.

A energia do Ruach ou do espírito divino agirá com profundidade e poder se irradiando a partir da pineal quando estivermos com o corpo preparado, munido da energia primária, cósmica.

Primeiro sente num lugar mais calmo da casa, seja no teu quarto, sala ou cozinha se não tiver alguém atrapalhando. Feche os olhos e comece a respirar calmamente. Sugue o ar pelo nariz e solte pela boca.

A respiração já é o começo da meditação. Escolha sentar no solo para entrar em contato com a energia telúrica da terra, seja no piso, assoalho ou usando um tapete.

Continue praticando a respiração. Tua mente estará confusa, mas aos poucos respirando ela vai se acalmando. No começo vai levar um tempo para acalmar a mente. Não abra os olhos para não se distrair e com o tempo vai pensando numa luz poderosa descendo do céu e entrando em todo o teu ser, é a luz de Hashem, o pai original, Ain Soph.

Quando estiver mais relaxado comece a sugar o ar pela boca e mentalize a palavra Judá, lembre que Yeshua, o

Messias é o rei de Judá. Apenas mentalize a palavra Judá, mentalizar é falar com a mente sem usar a voz.

Segure o ar nos pulmões imaginando que a luz dele preenche todo o teu ser a partir do coração. Enquanto o ar estiver preso mentaliza a expressão Yeshua ha Mashia.

Esta expressão quer dizer Jesus é o Messias. Segure o ar o quanto puder mentalizando esta expressão.

Quando soltar o ar mentalize a palavra Mikael, é o mesmo arcanjo Miguel, o anjo de Judá, o general número um do Messias que luta contra as forças do caos e da morte.

Ele é o guerreiro que luta contra o dragão como está em Apocalipse 12.

Repita o processo ao longo de alguns minutos e no dia seguinte continue a meditação.

Logo tu vai começar a entrar numa espiral de luz e começarás a ter visões, revelações e receberás na mente mensagens do Eterno. É preciso ter a mente aberta para receber estas mensagens.

A palavra Cabala quer dizer tanto conhecimento como recebimento, ou seja, um conhecimento que vem direto do Criador através da meditação.

Durante esta meditação que os judeus chamam de Devekut, a união com Deus, tu já terás visões e mensagens, mas a prática é ativa, por isso ao longo do dia quando tua mente estiver em passividade às mensagens virão com mais intensidade.

Durante a noite teus sonhos também serão místicos.

Compre um caderno pequeno e comece a anotar o que tudo o que ver, isso ajudará muito e tu verás que está prosseguindo na senda do Criador.

Com o tempo tu podes praticar diretamente a meditação Shaar, que é apenas respirar e entrar no plano espiritual utilizando uma kavanah que é traçando uma meta.

Por exemplo, tu tens desejo de fazer a obra do Criador, na meditação Shaar tu focalizas este desejo pedindo ao Eterno que te faça progredir na senda e te revele os seus segredos. Não precisa ficar repetindo isso, focalizar é ter isso na mente e com isso meditar usando o subconsciente.

No começo é difícil pra ti entender isso, pois a meditação é algo que tu não podes entender com palavras, é preciso sentir, mas com o tempo tu passarás para isso automaticamente.

Tire 10 minutos por dia para meditar e tu entrarás numa vivencia de luz celestial, se tornando um Aishim, um eleito que consegue dominar o primeiro nível da Sephiroth, o Malkuth, ascendendo para outros níveis.

O segredo da meditação Devekut são as palavras mentalizadas quando você segura o ar. Este é o grande segredo, estas palavras agem com grande poder na mente e no coração. É como usar uma droga pesada que bombardeie a mente, mas não é droga, é algo real e natural, algo puro, algo que nos liga ao Eterno.

Os nomes sagrados criam padrões na mente gerando um novo homem, um homem dimensional ligado ao divino, na verdade para dimensional.

Nosso corpo físico é ligado à alma diretamente e pela alma nós podemos sentir o divino e nos comunicar com ele.

Os russos fizeram uma experiência onde colocaram a pessoa em ambientes diversos e atingiram amigos ou gêmeos numa casa distante com fogo ou bombas, na verdade tudo simulação. Eles descobriram que quando isso ocorria com pessoas do convívio do testado a saliva dele produzia um elemento químico, mesmo que pessoa não soubesse o que estava acontecendo a kms de distância. Foi à prova de um eu maior, da interação com algo mais profundo e mais poderoso. Esta descoberta da existência da alma levou a cortina de ferro a cair, na verdade foi um dos fatores, e o povo russo se voltou para a religião.

Hoje ocorre a mesma coisa, nossa alma está ligada com o divino e passa para o corpo físico pelo sistema hormonal sensações e comandos parassimpáticos.

A meditação nos liga ao divino acoplando a alma com uma dimensão maior e por interação atingindo nosso corpo físico com um impacto supremo, poderoso.

Meditar é entrar em contato direto com a alma e da alma com o Criador e suas hierarquias.

O Triângulo Dourado entende que a meditação é a chave de tudo, a chave da união perfeita com a luz.

A meditação Devekut bombardeia a mente e entra com profundidade na pineal preparando o corpo para a conexão perfeita com a alma.

Quando mentalizamos a palavra sagrada ela atua diretamente na pineal tirando ela da dormência que a mantém paralisada.

CAP X

A PORTA DO TRIÂNGULO DOURADO

A porta do Triângulo Dourado unindo a glândula pineal, a hipófise e hipotálamo criam no homem a imortalidade, a luz. Na verdade no presente ciclo só os 144.000 eleitos vão atingir esta porta dourada criando um homem poderoso de quarta dimensão, mas no reino milenar e depois no reino Eterno muitos outros conseguirão.

O mundo passa por mudanças, atualmente a geração eleita de Abraão está sendo selada e com isso muitas pessoas estão recebendo este selo no cérebro, o selo do Triângulo Dourado unindo as três glândulas máter do cérebro.

Em civilizações passadas o homem conseguiu a perfeição dominando o Triângulo Dourado, mas com o tempo a humanidade caiu na vibração se tornando animalesca e inclinada ao pecado e com isso o contato com estas glândulas sumiu.

Este sistema de glândulas continua a trabalhar no organismo, mas nós perdemos o controle e com isso muitas pessoas são vítimas do controle total do caos, vítimas de Shedim que controlam sua mente.

É claro que há outros centros cognitivos no cérebro, mas as glândulas do Triângulo Dourado são por onde o contato da alma através dos Shakras acontece.

Uma porta está se formando na mente dos eleitos nesta transição do Apocalipse.

Há pessoas que não sofrerão as pragas do Dajjal, serão tiradas antes pelo Eterno, se você quer ser uma delas começa a meditar e preparar a mente para este selo dourado.

O Eterno passa seus conhecimentos e suas ordenanças pela mente, na consciência da alma, manifestando nas glândulas do Triângulo Dourado o seu querer e novas informações vindas do Trono Celeste.

A humanidade vive um sonho distante, um sonho em que ela acorda e não sabe o que aconteceu, o que sonhou, é um sonho que fica preso no interior da alma, pois as forças do caos são poderosas e mantém milhões sobre controle. Todos vivem uma hipnose de grupo, um controle total que será apenas oficializado quando vier à marca da Besta, o 666.

É preciso meditar e se conectar ao Eterno para fugir do controle da escuridão.

Comece a fazer isso agora.

CONCLUSÃO

Só conhecendo estes segredos podemos bloquear as forças do caos que controlam a humanidade a gerações.

Pratique as meditações ensinadas nesta obra e anote tudo num caderno para ir evoluindo mental e espiritualmente, pois quando tu tiveres anotado tu irá entendendo teu processo de evolução espiritual passo a passo.

Qualquer dúvida envie para elielroshveder@yahoo.com.br ou para o Wat 47 984867563.

Eu terei prazer em te mostrar as chaves dos misteŕios divinos.

Made in United States
Orlando, FL
11 April 2025